Mein JGA Erinnerungs Album

EIN BUCH DER
EDITION MICHAEL FISCHER

DEIN
Junggesellinnenabschied!

Heute ist dein Junggesellinnenabschied - und das wird gefeiert! Aber du sollst diesen Tag auch in bester Erinnerung behalten. So ist dieses Buch unser Geschenk an dich: Ein Begleiter für den bevorstehenden Tag und zugleich ein Eintrag- und Erinnerungsalbum an die schönsten Momente mit uns, deinen Mädels.

Was wäre ein JGA ohne lustige Challenges? Schließlich wollen wir dich nicht einfach so in den Hafen der Ehe entlassen. Und keine Sorge: Wir halten alles mit Beweisfotos fest.

Zuerst darfst du aber einen Steckbrief ausfüllen und ein paar Fragen beantworten, die dich später an diese aufregende Zeit vor der Hochzeit erinnern werden. Wir Brautjungfern verewigen uns ebenfalls - damit du nie vergisst, wer diesen Tag mit dir verbracht hat. Außerdem gibt es noch ein kleines Quiz: Wie gut kennen wir dich? Und zu guter Letzt eine Galerie für die tollsten Fotomomente und Schnappschüsse.

Auf diesen einzigartigen Tag!

Deine Mädels

ICH BIN DIE

Braut

DAS BIN ICH:

Ich heiße (noch): ....

So alt bin ich: ....

Mein Partner und zukünftiger Ehemann heißt: ....

Wir kennen uns durch: ....

Es war:

- [ ] LIEBE AUF DEN ERSTEN BLICK
- [ ] EIN HEISSER FLIRT
- [ ] EINE ECHTE FREUNDSCHAFT
- [ ] EINE LEIDENSCHAFTLICHE ROMANZE

Liebe ist für mich:

- [ ] EIN WILDES ABENTEUER
- [ ] PURES GLÜCK
- [ ] ANKOMMEN
- [ ] DER SINN DES LEBENS

Diesen wunderschönen Moment mit meinem Partner werde ich niemals vergessen:

....

Darauf stehe ich gewaltig:

....

Mein allererster Freund hieß: ....

Mein Promi-Schwarm ist: ....

Das Allerschönste, was mir je widerfahren ist:

....

Ich bin eine besondere Braut, weil:

....

In unserer Ehe werde ich / wird mein Schatz die Hosen anhaben, weil:

....

Drei Worte, die meinen Zukünftigen beschreiben:

....

Auf diesen Moment unserer Hochzeit freue ich mich besonders:

....

....

Zwei Dinge, die ich unbedingt noch vor der Hochzeit machen möchte:

....

....

So schätze ich meine Flirtqualitäten ein:

☐ MISERABEL ☐ AKZEPTABEL ☐ BRILLIANT

Von dem heutigen Tag erwarte ich mir:

....

Deine Freundinnen
über dich

Wir kennen uns durch:

Das lieben wir an dir:

Männer schlecken sich ihre Finger nach dir,

- ☐ WEIL DU ORDENTLICH GRIPS HAST
- ☐ WEIL DU VERDAMMT HEISS AUSSIEHST
- ☐ WEIL DU GANZ SCHÖN SCHLAGFERTIG BIST
- ☐ WEIL DEIN VATER MILLIONÄR IST

Als du uns dein Herzblatt zum ersten Mal vorgestellt hast, dachten wir uns:

Drei Dinge, die du nach deiner Hochzeit aufgeben solltest:

1.
2.
3.

Drei Dinge, die du dir auf jeden Fall nach der Hochzeit behalten solltest:

1.
2.
3.

Ihr beide seid ein Team wie

- ☐ DIE SCHÖNE & DAS BIEST
- ☐ HERZOGIN MEGHAN & PRINZ HARRY
- ☐ RYAN GOSLING & EVA MENDES
- ☐ BILL CLINTON & MONICA LEWINSKY
- ☐ SISSI & FRANZ
- ☐ TARZAN & JANE

Eure Ehe wird halten bis

- ☐ ZUM VERFLLIXTEN 7. JAHR
- ☐ DIE ERDE SICH NICHT MEHR DREHT
- ☐ ZUR GOLDHOCHZEIT

Unsere besten Tipps, wie es im Schlafzimmer niemals langweilig wird:

Du bist die beste Braut, weil:

Ihr gebt das perfekte Paar ab, weil:

UND DAS WÜNSCHEN *wir euch...*

... für den Hochzeitstag:

... für das erste gemeinsame Jahr als Brautpaar:

... für eure gemeinsame Zukunft und für den Rest eures Lebens:

Was wir dir schon immer einmal sagen möchten:

UMFRAGE ZUM BRAUTPAAR

Wie ähnlich sind sich Braut und Bräutigam?
Welche Aussagen treffen auf das Paar zu?
Färbt jeweils ein Kästchen ein, wenn
ihr zustimmt.

Die Braut hat definitiv die Hosen an!

Dein Auserwählter wird dir stets treu bleiben.

Keine Frage – ihr seid ein Dream-Team!

Für Ordnung und Sauberkeit wird dein Schatz sorgen.

Als ich deinen Bräutigam zum ersten Mal gesehen habe, war ich positiv überrascht.

Wetten, nach einem Jahr seid ihr schwanger?

Die Braut hat die kälteren Füße:

total ANONYM

Ich denke, der/die Trauzeuge/in steht auf dich ...

Deine bessere Hälfte wird sich beschwipst auf der Tanzfläche drehen!

Ihr werdet in eurer ersten Hochzeitsnacht müde und zufrieden ins Bett fallen.

Du bist die Kreativere von euch.

Du bist pflegeleichter als dein Partner.

Du wirst in deinem Hochzeitskleid bezaubernd aussehen.

Dich würde ich auch heiraten!

Deine
Brautjungfern

DAS BIN ICH:

Deine BRAUTJUNGFER

Ich heiße

....

Uns verbindet vor allem:

....

....

Das beschreibt mich am besten:

....

....

Das fand ich schon immer sympathisch an dir:

....

....

Mit dir würde ich:

- ☐ MEIN INNIGSTES GEHEIMNIS TEILEN
- ☐ BIS ANS ENDE DER WELT REISEN
- ☐ PFERDE STEHLEN
- ☐ MEINE MAMA TEILEN

Mein lustigstes Erlebnis mit dir:

Und mein peinlichstes Erlebnis mit dir war, als

Zutaten für eine gelungene Ehe:

1.

2.

3.

Diese Orte solltet ihr gemeinsam bereisen:

1.

2.

3.

Das wünsche ich euch für eure Zukunft als Ehepaar:

Unsere Freundschaft in drei Worten:

Das wollte ich dir schon immer einmal sagen:

DAS BIN ICH:

Deine BRAUTJUNGFER

Ich heiße

....

Uns verbindet vor allem:

....

....

Das beschreibt mich am besten:

....

....

Das fand ich schon immer sympathisch an dir:

....

....

Mit dir würde ich:

- ☐ MEIN INNIGSTES GEHEIMNIS TEILEN
- ☐ BIS ANS ENDE DER WELT REISEN
- ☐ PFERDE STEHLEN
- ☐ MEINE MAMA TEILEN

Mein lustigstes Erlebnis mit dir:

Und mein peinlichstes Erlebnis mit dir war, als

Zutaten für eine gelungene Ehe:

1.

2.

3.

Diese Orte solltet ihr gemeinsam bereisen:

1.

2.

3.

Das wünsche ich euch für eure Zukunft als Ehepaar:

Unsere Freundschaft in drei Worten:

Das wollte ich dir schon immer einmal sagen:

DAS BIN ICH:

Deine BRAUTJUNGFER

Ich heiße

....

Uns verbindet vor allem:

....

....

Das beschreibt mich am besten:

....

....

Das fand ich schon immer sympathisch an dir:

....

....

Mit dir würde ich:

- [ ] MEIN INNIGSTES GEHEIMNIS TEILEN
- [ ] BIS ANS ENDE DER WELT REISEN
- [ ] PFERDE STEHLEN
- [ ] MEINE MAMA TEILEN

Mein lustigstes Erlebnis mit dir:

Und mein peinlichstes Erlebnis mit dir war, als

Zutaten für eine gelungene Ehe:

1.

2.

3.

Diese Orte solltet ihr gemeinsam bereisen:

1.

2.

3.

Das wünsche ich euch für eure Zukunft als Ehepaar:

Unsere Freundschaft in drei Worten:

Das wollte ich dir schon immer einmal sagen:

DAS BIN ICH:

Deine BRAUTJUNGFER

Ich heiße

....

Uns verbindet vor allem:

....

....

Das beschreibt mich am besten:

....

....

Das fand ich schon immer sympathisch an dir:

....

....

Mit dir würde ich:

- ☐ MEIN INNIGSTES GEHEIMNIS TEILEN
- ☐ BIS ANS ENDE DER WELT REISEN
- ☐ PFERDE STEHLEN
- ☐ MEINE MAMA TEILEN

Mein lustigstes Erlebnis mit dir:

Und mein peinlichstes Erlebnis mit dir war, als

Zutaten für eine gelungene Ehe:

1.

2.

3.

Diese Orte solltet ihr gemeinsam bereisen:

1.

2.

3.

Das wünsche ich euch für eure Zukunft als Ehepaar:

Unsere Freundschaft in drei Worten:

Das wollte ich dir schon immer einmal sagen:

Deine BRAUTJUNGFER

Ich heiße

....

Uns verbindet vor allem:

....

....

Das beschreibt mich am besten:

....

....

Das fand ich schon immer sympathisch an dir:

....

....

Mit dir würde ich:

- [ ] MEIN INNIGSTES GEHEIMNIS TEILEN
- [ ] PFERDE STEHLEN
- [ ] BIS ANS ENDE DER WELT REISEN
- [ ] MEINE MAMA TEILEN

Mein lustigstes Erlebnis mit dir:

....

....

Und mein peinlichstes Erlebnis mit dir war, als

....

....

Zutaten für eine gelungene Ehe:

1. ....

2. ....

3. ....

Diese Orte solltet ihr gemeinsam bereisen:

1. ....

2. ....

3. ....

Das wünsche ich euch für eure Zukunft als Ehepaar:

....

....

Unsere Freundschaft in drei Worten:

....

Das wollte ich dir schon immer einmal sagen:

DAS BIN ICH:

Deine BRAUTJUNGFER

Ich heiße

Uns verbindet vor allem:

Das beschreibt mich am besten:

Das fand ich schon immer sympathisch an dir:

Mit dir würde ich:

- ☐ MEIN INNIGSTES GEHEIMNIS TEILEN
- ☐ BIS ANS ENDE DER WELT REISEN
- ☐ PFERDE STEHLEN
- ☐ MEINE MAMA TEILEN

Mein lustigstes Erlebnis mit dir:

Und mein peinlichstes Erlebnis mit dir war, als

Zutaten für eine gelungene Ehe:

1.

2.

3.

Diese Orte solltet ihr gemeinsam bereisen:

1.

2.

3.

Das wünsche ich euch für eure Zukunft als Ehepaar:

Unsere Freundschaft in drei Worten:

Das wollte ich dir schon immer einmal sagen:

Deine
BRAUTJUNGFER

Ich heiße

....

DAS BIN ICH:

Uns verbindet vor allem:

....

....

Das beschreibt mich am besten:

....

....

Das fand ich schon immer sympathisch an dir:

....

....

Mit dir würde ich:

- [ ] MEIN INNIGSTES GEHEIMNIS TEILEN
- [ ] PFERDE STEHLEN
- [ ] BIS ANS ENDE DER WELT REISEN
- [ ] MEINE MAMA TEILEN

Mein lustigstes Erlebnis mit dir:

....

....

Und mein peinlichstes Erlebnis mit dir war, als

....

....

Zutaten für eine gelungene Ehe:

1. ....

2. ....

3. ....

Diese Orte solltet ihr gemeinsam bereisen:

1. ....

2. ....

3. ....

Das wünsche ich euch für eure Zukunft als Ehepaar:

....

....

Unsere Freundschaft in drei Worten:

....

Das wollte ich dir schon immer einmal sagen:

DAS BIN ICH:

Deine BRAUTJUNGFER

Ich heiße

Uns verbindet vor allem:

Das beschreibt mich am besten:

Das fand ich schon immer sympathisch an dir:

Mit dir würde ich:

- [ ] MEIN INNIGSTES GEHEIMNIS TEILEN
- [ ] PFERDE STEHLEN
- [ ] BIS ANS ENDE DER WELT REISEN
- [ ] MEINE MAMA TEILEN

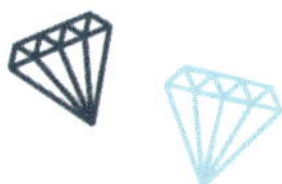

Mein lustigstes Erlebnis mit dir:

Und mein peinlichstes Erlebnis mit dir war, als

Zutaten für eine gelungene Ehe:

1.

2.

3.

Diese Orte solltet ihr gemeinsam bereisen:

1.

2.

3.

Das wünsche ich euch für eure Zukunft als Ehepaar:

Unsere Freundschaft in drei Worten:

Das wollte ich dir schon immer einmal sagen:

DAS BIN ICH:

Deine BRAUTJUNGFER

Ich heiße

Uns verbindet vor allem:

Das beschreibt mich am besten:

Das fand ich schon immer sympathisch an dir:

Mit dir würde ich:

- [ ] MEIN INNIGSTES GEHEIMNIS TEILEN
- [ ] PFERDE STEHLEN
- [ ] BIS ANS ENDE DER WELT REISEN
- [ ] MEINE MAMA TEILEN

Mein lustigstes Erlebnis mit dir:

....

....

Und mein peinlichstes Erlebnis mit dir war, als

....

....

Zutaten für eine gelungene Ehe:

1. ....
2. ....
3. ....

Diese Orte solltet ihr gemeinsam bereisen:

1. ....
2. ....
3. ....

Das wünsche ich euch für eure Zukunft als Ehepaar:

....

....

Unsere Freundschaft in drei Worten:

....

Das wollte ich dir schon immer einmal sagen:

DAS BIN ICH:

Deine BRAUTJUNGFER

Ich heiße

....

Uns verbindet vor allem:

....

....

Das beschreibt mich am besten:

....

....

Das fand ich schon immer sympathisch an dir:

....

....

Mit dir würde ich:

- ☐ MEIN INNIGSTES GEHEIMNIS TEILEN
- ☐ BIS ANS ENDE DER WELT REISEN
- ☐ PFERDE STEHLEN
- ☐ MEINE MAMA TEILEN

Mein lustigstes Erlebnis mit dir:

Und mein peinlichstes Erlebnis mit dir war, als

Zutaten für eine gelungene Ehe:

1.

2.

3.

Diese Orte solltet ihr gemeinsam bereisen:

1.

2.

3.

Das wünsche ich euch für eure Zukunft als Ehepaar:

Unsere Freundschaft in drei Worten:

Das wollte ich dir schon immer einmal sagen:

DAS BIN ICH:

Deine BRAUTJUNGFER

Ich heiße

Uns verbindet vor allem:

Das beschreibt mich am besten:

Das fand ich schon immer sympathisch an dir:

Mit dir würde ich:

- [ ] MEIN INNIGSTES GEHEIMNIS TEILEN
- [ ] BIS ANS ENDE DER WELT REISEN
- [ ] PFERDE STEHLEN
- [ ] MEINE MAMA TEILEN

Mein lustigstes Erlebnis mit dir:

....

....

Und mein peinlichstes Erlebnis mit dir war, als

....

....

Zutaten für eine gelungene Ehe:

1. ....

2. ....

3. ....

Diese Orte solltet ihr gemeinsam bereisen:

1. ....

2. ....

3. ....

Das wünsche ich euch für eure Zukunft als Ehepaar:

....

....

Unsere Freundschaft in drei Worten:

....

Das wollte ich dir schon immer einmal sagen:

DAS BIN ICH:

Deine BRAUTJUNGFER

Ich heiße

Uns verbindet vor allem:

Das beschreibt mich am besten:

Das fand ich schon immer sympathisch an dir:

Mit dir würde ich:

- [ ] MEIN INNIGSTES GEHEIMNIS TEILEN
- [ ] PFERDE STEHLEN
- [ ] BIS ANS ENDE DER WELT REISEN
- [ ] MEINE MAMA TEILEN

Mein lustigstes Erlebnis mit dir:

....

....

Und mein peinlichstes Erlebnis mit dir war, als

....

....

Zutaten für eine gelungene Ehe:

1. ....

2. ....

3. ....

Diese Orte solltet ihr gemeinsam bereisen:

1. ....

2. ....

3. ....

Das wünsche ich euch für eure Zukunft als Ehepaar:

....

....

Unsere Freundschaft in drei Worten:

....

Das wollte ich dir schon immer einmal sagen:

DAS BIN ICH:

Deine BRAUTJUNGFER

Ich heiße

Uns verbindet vor allem:

Das beschreibt mich am besten:

Das fand ich schon immer sympathisch an dir:

Mit dir würde ich:

- [ ] MEIN INNIGSTES GEHEIMNIS TEILEN
- [ ] PFERDE STEHLEN
- [ ] BIS ANS ENDE DER WELT REISEN
- [ ] MEINE MAMA TEILEN

Mein lustigstes Erlebnis mit dir:

Und mein peinlichstes Erlebnis mit dir war, als

Zutaten für eine gelungene Ehe:

1.

2.

3.

Diese Orte solltet ihr gemeinsam bereisen:

1.

2.

3.

Das wünsche ich euch für eure Zukunft als Ehepaar:

Unsere Freundschaft in drei Worten:

Das wollte ich dir schon immer einmal sagen:

DAS BIN ICH:

Deine
BRAUTJUNGFER

Ich heiße

....

Uns verbindet vor allem:

....

....

Das beschreibt mich am besten:

....

....

Das fand ich schon immer sympathisch an dir:

....

....

Mit dir würde ich:

- ☐ MEIN INNIGSTES GEHEIMNIS TEILEN
- ☐ BIS ANS ENDE DER WELT REISEN
- ☐ PFERDE STEHLEN
- ☐ MEINE MAMA TEILEN

Mein lustigstes Erlebnis mit dir:

Und mein peinlichstes Erlebnis mit dir war, als

Zutaten für eine gelungene Ehe:

1.
2.
3.

Diese Orte solltet ihr gemeinsam bereisen:

1.
2.
3.

Das wünsche ich euch für eure Zukunft als Ehepaar:

Unsere Freundschaft in drei Worten:

Das wollte ich dir schon immer einmal sagen:

Deine

BRAUTJUNGFER

DAS BIN ICH:

Ich heiße

....

Uns verbindet vor allem:

....

....

Das beschreibt mich am besten:

....

....

Das fand ich schon immer sympathisch an dir:

....

....

Mit dir würde ich:

- [ ] MEIN INNIGSTES GEHEIMNIS TEILEN
- [ ] BIS ANS ENDE DER WELT REISEN
- [ ] PFERDE STEHLEN
- [ ] MEINE MAMA TEILEN

Mein lustigstes Erlebnis mit dir:

....

....

Und mein peinlichstes Erlebnis mit dir war, als

....

....

Zutaten für eine gelungene Ehe:

1. ....

2. ....

3. ....

Diese Orte solltet ihr gemeinsam bereisen:

1. ....

2. ....

3. ....

Das wünsche ich euch für eure Zukunft als Ehepaar:

....

....

Unsere Freundschaft in drei Worten:

....

Das wollte ich dir schon immer einmal sagen:

Deine BRAUTJUNGFER

Ich heiße

DAS BIN ICH:

Uns verbindet vor allem:

Das beschreibt mich am besten:

Das fand ich schon immer sympathisch an dir:

Mit dir würde ich:

- [ ] MEIN INNIGSTES GEHEIMNIS TEILEN
- [ ] BIS ANS ENDE DER WELT REISEN
- [ ] PFERDE STEHLEN
- [ ] MEINE MAMA TEILEN

Mein lustigstes Erlebnis mit dir:

Und mein peinlichstes Erlebnis mit dir war, als

Zutaten für eine gelungene Ehe:

1.

2.

3.

Diese Orte solltet ihr gemeinsam bereisen:

1.

2.

3.

Das wünsche ich euch für eure Zukunft als Ehepaar:

Unsere Freundschaft in drei Worten:

Das wollte ich dir schon immer einmal sagen:

DIE BRAUT in Aktion

Lege mit
EINEM
GRAUHAARIGEN
MANN
EINEN
FLOTTEN TANZ
auf's Parkett!

WIE WÄR'S MIT EINEM
SCHUHPLATTLER?

Ich habe den Takt angegeben / nicht angegeben, weil:

....

....

....

So habe ich mich beim Tanzen gefühlt:

ÜBERFORDERT:	☐ ja	☐ etwas	☐ nein
IDIOTISCH:	☐ ja	☐ etwas	☐ nein
AMÜSIERT:	☐ ja	☐ etwas	☐ nein
PEINLICH BERÜHRT:	☐ ja	☐ etwas	☐ nein
STEIF:	☐ ja	☐ etwas	☐ nein

Wertung der Brautjungfern:

0 % 50 % 100 %

Benötigst du einen Joker für diese Aufgabe?
Dann auf zu den **Seiten 70–85.**

Die NACKTE WAHRHEIT:

So sah ich dabei aus

Schreibe EIN GEDICHT ÜBER DAS Eheleben UND TRAGE ES VOR

Vorkommen müssen zwei zufällig gesammelte Begriffe.

Die zwei gesammelten Worte waren:

1. ....

2. ....

So viel Mut musste ich mir für diese Aufgabe antrinken:

BITTE DIE WEINGLÄSER ENTSPRECHEND FÜLLEN!

Hier ist Platz für ein kurzes Gedicht.

....

....

....

....

....

Wertung der Brautjungfern:

0 %   50 %   100 %

Benötigst du einen Joker für diese Aufgabe?
Dann auf zu den **Seiten 70–85.**

BEWEISFOTO:

So sah ich dabei aus

Du möchtest einige

PASSANTEN

VON EINER ERFUNDENEN

YOGAÜBUNG

überzeugen.

BRINGE SIE DAZU MITZUMACHEN

und gib der Übung einen spirituellen Namen.

Meine Lieblings-Yogaübung – bitte einzeichnen!

Ich bin stolz darauf, dass ich ....

weil ich ....

Das war am peinlichsten:

....

....

Lustigster ausgedachter Name:

....

Wertung der Brautjungfern:

0 % 50 % 100 %

Benötigst du einen Joker für diese Aufgabe?
Dann auf zu den **Seiten 70–85.**

BEWEISFOTO:

So sah ich dabei aus

STELLE
ohne Worte
MIT EINER
FREUNDIN DEINER
WAHL FOLGENDE
Filmtitel dar:

TITANIC

FORREST GUMP

TWILIGHT

Die Szenen müssen von
unbeteiligten Personen erraten werden.

Folgende Person hat mir dabei geholfen: ....

Diese Szene hätte einen Oscar verdient:

....

Damit habe ich mich abgekämpft:

....

Am schwierigsten war diese Szene zu erraten:

....

Davon werde ich noch in 10 Jahren erzählen:

....

So zufrieden bin ich mit unserer schauspielerischen Leistung:

☐ 👍 ☐ 👍👍 ☐ 👍👍👍

Wertung der Brautjungfern:

0 % 50 % 100 %

Benötigst du einen Joker für diese Aufgabe?
Dann auf zu den **Seiten 70–85.**

Die NACKTE WAHRHEIT:

So sah ich dabei aus

Male
MIT KREIDE EIN
KUNSTWERK
AUF DEN BODEN,
das für eure
LIEBE steht.

Der Titel des Kunstwerks lautet:

....

Bitte einen Passanten um eine Bildanalyse. Was ist seine Interpretation?

....

....

Mein Partner und ich leben von so viel Luft: .... % und Liebe: .... %

Ich schwebe gerade auf Wolke:

Wertung der Brautjungfern:

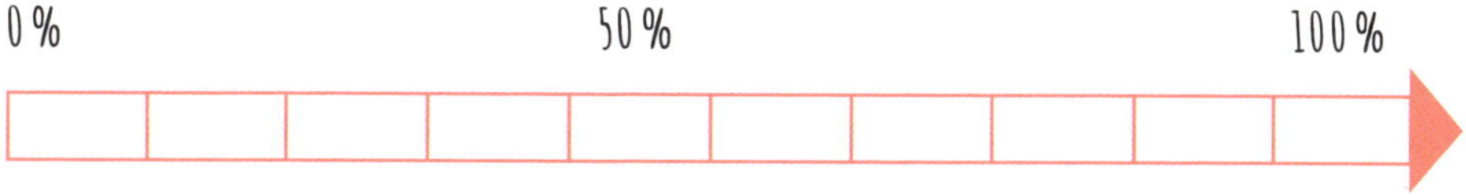

Benötigst du einen Joker für diese Aufgabe?
Dann auf zu den ***Seiten 70–85.***

Liebesbeweis:

UND SO SAH DAS

KUNSTWERK AUS.

Verewige dich hier
gleich noch einmal!

Challenge
Joker No. 1

Sollten eine oder mehrere Challenges auf S. 46–62 eurer Braut nicht entsprechen, oder wollt ihr den Tag mit weiteren Aktionen füllen, könnt ihr hier eigene Aufgaben für den JGA-Tag entwickeln.

....

....

....

....

Das habe ich gelernt:

....

Wer hat mir geholfen:

....

So ist es gelaufen:

....

Das hat mich herzlichst zum Lachen gebracht:

....

....

So habe ich mich gefühlt:

☐ GLÜCKLICH ☐ ALBERN ☐ VERLIEBT

Wertung der Brautjungfern:

0 % 50 % 100 %

BEWEISFOTO:

So sah ich dabei aus

Challenge
Joker No. 2

Sollten eine oder mehrere Challenges auf S. 46–62 eurer Braut nicht entsprechen, oder wollt ihr den Tag mit weiteren Aktionen füllen, könnt ihr hier eigene Aufgaben für den JGA-Tag entwickeln.

....

....

....

....

Das habe ich gelernt:

Wer hat mir geholfen:

So ist es gelaufen:

Das hat mich herzlichst zum Lachen gebracht:

So habe ich mich gefühlt:

☐ GLÜCKLICH ☐ ALBERN ☐ VERLIEBT

Wertung der Brautjungfern:

0 % 50 % 100 %

BEWEISFOTO:

So sah ich dabei aus

Challenge
Joker No. 3

Sollten eine oder mehrere Challenges auf S. 46–62 eurer Braut nicht entsprechen, oder wollt ihr den Tag mit weiteren Aktionen füllen, könnt ihr hier eigene Aufgaben für den JGA-Tag entwickeln.

Das habe ich gelernt:

....

Wer hat mir geholfen:

....

So ist es gelaufen:

....

Das hat mich herzlichst zum Lachen gebracht:

....

....

So habe ich mich gefühlt:

☐ GLÜCKLICH ☐ ALBERN ☐ VERLIEBT

Wertung der Brautjungfern:

0 % 50 % 100 %

BEWEISFOTO:

So sah ich dabei aus

Challenge

Joker No. 4

Sollten eine oder mehrere Challenges auf S. 46–62 eurer Braut nicht entsprechen, oder wollt ihr den Tag mit weiteren Aktionen füllen, könnt ihr hier eigene Aufgaben für den JGA-Tag entwickeln.

....

....

....

....

Das habe ich gelernt:

Wer hat mir geholfen:

So ist es gelaufen:

Das hat mich herzlichst zum Lachen gebracht:

So habe ich mich gefühlt:

- [ ] GLÜCKLICH
- [ ] ALBERN
- [ ] VERLIEBT

Wertung der Brautjungfern:

0 % — 50 % — 100 %

BEWEISFOTO:

So sah ich dabei aus

Challenge

Joker No. 5

Sollten eine oder mehrere Challenges auf S. 46–62 eurer Braut nicht entsprechen, oder wollt ihr den Tag mit weiteren Aktionen füllen, könnt ihr hier eigene Aufgaben für den JGA-Tag entwickeln.

....

....

....

....

Das habe ich gelernt:

Wer hat mir geholfen:

So ist es gelaufen:

Das hat mich herzlichst zum Lachen gebracht:

So habe ich mich gefühlt:

☐ GLÜCKLICH ☐ ALBERN ☐ VERLIEBT

Wertung der Brautjungfern:

0 % 50 % 100 %

BEWEISFOTO:

So sah ich dabei aus

Umfrage zum JGA

Wie war der heutige Tag?
Färbt je ein Kästchen der entsprechenden Spalte ein, wenn ihr zustimmt.

Ich bin total fertig!

Ich habe mich sehr amüsiert.

Das Schönste an der Braut war ihr freudiges Lächeln.

Nach diesem Tag steht fest: Ich werde nie heiraten!

Ich habe mit der Braut leiden müssen …

total ANONYM

Ich hätte besser bequeme Schuhe getragen.

Die Männer haben eindeutig gefehlt!

Ich habe schon lange nicht mehr so viel Spaß gehabt.

Ich bin ganz schön angeschwipst …

Schade, dass der Tag schon vorbei ist.

Das war MEIN JUNGGESELLINNENABSCHIED

Zeichne alle Mädels ein, die heute dabei waren!

An meinen heutigen Tag erinnere ich mich gerne zurück, weil:

....

....

Daran erinnere ich mich nicht so gern zurück:

....

Das möchte ich noch loswerden:

....

So oft habe ich gelacht: .... mal.

Diese Personen haben leider gefehlt: ....

Dinge, auf die ich auch nach meiner Hochzeit nicht verzichten mag:

- ☐ SÜSSIGKEITEN
- ☐ REGELMÄSSIGE SAUNAGÄNGE
- ☐ MEINEN BESTEN FREUND
- ☐ MEINEN VIBRATOR
- ☐ TINDER-APP
- ☐ FESTIVALS

Ich freue mich ganz besonders auf meine Hochzeit, weil:

....

Bildergalerie

Hier ist Platz für lustige Gruppenfotos, skurrile Selbstporträts, urkomische Schnappschüsse und all die Momente, die den Junggesellinnenabschied so besonders gemacht haben.

AUTOGRAMMSTUNDE

Bitte alle
UNTERSCHREIBEN!

IMPRESSUM

Bibliografische Information der Deutschen Bibliothek.

Die Deutsche Bibliothek verzeichnet diese Publikation in der Deutschen Nationalbibliografie.
Detaillierte bibliografische Daten sind im Internet über http://www.dnb.de/ abrufbar.

EIN BUCH DER EDITION MICHAEL FISCHER

1. Auflage 2019

Text: Katrin Skelton

Covergestaltung, Layout und Satz: Merrit Hettwer
Lektorat: Anne Hörr, Mareike Schlensog
Produktmanagement: Mareike Schlensog

Bildnachweis: Ring: © Decobrush/Shutterstock; Sektgläser: © Franzi/Shutterstock; Girlanden, Herz, Pfeilherz, Fliege, Pfeil (Joker), Schnauzbart, Kussmund: © Artnis/Shutterstock; Zweig (S. 4): © Komarova Elizaveta; Zweige, Glas, Käfig: © Lera Efremova/Shutterstock; Hintergrund Kreise: © Olly Molly/Shutterstock; Diamant, Kamera: © Ksenia Lokko/Shutterstock; Hintergrund Watercolor: © VolodymyrSanych/Shutterstock; Weinglas: © Vladvm/Shutterstock; Pfeile/Tropfen/Schnörkel (Challenges): © cajoer/Shutterstock; Wolken: © Lineicons freebird/Shutterstock; Daumen: © Birdiegirl/Shutterstock.

ISBN 978-3-96093-055-6

Gedruckt bei Polygraf Print, Čapajevova 44, 08001 Prešov, Slowakei

www.emf-verlag.de